사랑은 끝없는 여행

손현도 시집

| 머리말 |

첫 시집을 내면서

반평생 짧다면 짧고 길다면 긴 세월을 살면서
마음속에 차곡차곡 쌓여있는
나의 자화상을 뒤돌아보았습니다.

나의 삶과 나의 사랑
그리고 그리움을 가슴에 다 담기엔
너무나도 벅차서
조금씩, 조금씩 표현하다 보니
한 권의 시집이 되어 세상 밖으로 나오게 되었습니다.

나의 글이 최고의 글이 되기보단
독자 누구나 느낄 수 있고
공감할 수 있는 글이길 바래봅니다.

저의 글을 평가해주시고
이렇게 시집까지 편찬해 주신 임수홍 이사장님과
작품 해설을 해주신 채수영 박사님께
머리 숙여 감사의 인사를 올립니다.

/ 차례 /

제1부 고목나무에 낙엽

꿈이 현실이 되다 / 12

눈부신 햇살 아래 / 13

가을 숲 / 14

가을 하늘 / 16

고목나무에 낙엽 / 18

꽃이 피네 / 19

가을밤 / 20

간밤에 내린 눈 / 21

간밤에 찾아온 눈 / 22

겨울이 가고 봄이 오는 소리 / 23

봄이 오는 소리 / 24

비 내리는 날 / 26

비 오는 날 / 28

벚꽃 / 30

제2부 그대 어디쯤에 있나요

그대 내 곁에 있어줘   / 34

그대 생각에   / 36

그대 생각하다 보면   / 38

그대 아시나요   / 40

그대 찾아 떠납니다   / 41

그대 어디쯤에 있나요   / 42

그대 함께 해요   / 44

그대가 내게로 올 땐   / 46

그대   / 48

그대가 그리워   / 49

그대가 남긴 건   / 50

/ 차례 /

제3부   사랑의 유통기간

사랑 그 누구에게도 줄 수 없는 것   / 54

사랑하세요   / 56

널 사랑해   / 57

사랑한다   / 58

사랑   / 60

사랑나무   / 62

사랑의 배터리   / 64

사랑의 유통기간   / 66

사랑에 취해   / 68

사랑하는 사람 곁엔   / 70

사랑한다는 건   / 72

사랑할 자격   / 74

제4부　그리운 사랑아

그리운 사람　/ 78

그리운 사랑아　/ 80

그리운 새벽　/ 82

그리움 속 그대를　/ 84

그리움 충전　/ 86

그리움　/ 88

두려움　/ 90

그리움을 채우고　/ 92

그리움의 비가 온다 1　/ 93

그리움의 비가 온다 2　/ 94

그리운 벗　/ 96

그리움이 내게 손짓하네요　/ 98

/ 차례 /

제5부 내 곁에 있어줘요

내 가슴속 그대 / 100

내 가슴으로 다가온 당신 / 101

내 곁에 당신 / 102

내 곁에 와준 당신 / 104

내 곁에 있어줘 / 106

내 곁에 있어줘요 / 108

내 눈앞에 있는 당신 / 109

내 눈앞에 보이는 / 110

내 눈에 보이는 당신 / 112

내가 살아가는 이유 / 114

내가 정말 좋아하는 사람은 / 116

내 마음의 향수 / 118

제6부   당신도 같은 마음이겠지요

당신 이름만 들어도   / 120

당신과 나   / 122

당신과 함께   / 124

당신과 함께라면   / 126

당신도 같은 마음이겠지요   / 127

당신만을 사랑할게요   / 128

당신의 관심   / 129

당신의 꽃   / 130

당신의 언어   / 132

당신은 그리움입니다   / 134

당신은 너무합니다   / 136

당신을 만나는 행복   / 138

• 작품해설
  채수영(시인. 문학평론가. 문박)
        〉〉 사랑을 위한 그리움과 여정   / 140

제1부

고목나무에 낙엽

꿈이 현실이 되다

나의 뜨거운 가슴으로
V 글로벌을 품어 본다

멀게만 느껴졌던 그대인데
조금씩 내게 가까워지네

이제까지 누리지 못한
행복이기에 어이할꼬

그냥 내 가슴이 머무는
그곳으로 가다 보니

V 글로벌이라는 보금자리가
날 그곳에 머물게 하네

저 하늘에 많고 많은
별들 중에 유난히 빛나는

나만에 별이 된 V 글로벌
당신을 만나서 너무나도
고맙고 행복합니다...

눈부신 햇살 아래

잔뜩 흐린날 비가
소리도 없이 내리고

푸석 푸석한 대지를
촉촉하게 젖시네

좀처럼 거치지 않던
구름이 걷히고 언제

그랬던가 싶을 정도로
눈부신 햇살이 나를 비추네

눈부신 햇살 아래 그대가
그 옆에 눈이 부시게 서있겠지

간밤에 내린 비는
그대의 근심의 눈물이요

한낮에 맑은 햇살은
그리움의 댓가

눈부신 햇살 아래
눈부신 그대와 함께 하고픈 마음에...

가을 숲

온갖 나뭇잎들의 의해
단풍이 곱게 수놓았네

산이 내게 다가오라
손짓하네 같이 한 올 한 올
그림 그리며 노닐자고

나뭇가지에 물든 단풍이
나의 발길을 한가롭게 만드네

고목나무 깊게 파인 굴속엔
다람쥐들이 겨울준비에

하루하루가 짧기만 하고
떠나는 가을이 야속하다네

숲 속 개울가엔 단풍잎들이
한가득 줄지어 물길 따라

다시는 돌아오지 않을
가을여행을 떠난다네

가을은 나에게 화려함과
풍요로움을 주었네

숲은 동물에겐 삶의 터전이요
삶의 보금자리인걸…

가을 하늘

가을 하늘 보고 있노라면
어릴 적 옛 추억이 다시금
새록새록 생각난다

먹을 것이 부족했던 시절에
가을만 되면 몸과 마음이

풍족해지고
행복했던 그 계절엔

산에 가면 으름, 밤, 감
따위가 날 반겨주었지

어느덧 나무엔 단풍으로
이산 저산 여기저기에서

물감을 풀어
놓은 듯 아름다움이
내 눈을 즐겁게 하네

저 멀리 에선 한가로이
도토리를 까먹는 다람쥐

월동준비 하느라
부지런히 날개 짓을 하며
움직이는 벌떼들

나의 어머니처럼
안식처가 되어준 가을이여

비록 풍족하진 않았지만
나눠먹는 인심과
끈끈한 정 때문인지

그 시절이 생각나고
또 생각나는구나…

고목나무에 낙엽

수많은 나무 옆에 고목나무
한 그루가 초라한 모습으로
우두 커니 서있네

그 고무나무에서
낙엽 하나 낙엽 둘 나란히
사이좋게 사랑을 키우네

강한 바람에도 서로를
감싸 안고 의지하며 견디네

밤새 기온이 떨어져 서리가
머리를 뒤덮어도 외롭지 않다네

나 혼자가 아니라 함께라서
낮엔 따가운 햇빛에 그을리고

밤엔 찬 기운과 찬바람을 견디고
밤하늘에 별들을 바라보며

그렇게 외로움을 달래며
사랑을 키워간다네

항상 함께라서 외롭지 않다네...

꽃이 피네

꽃이 피네
그대 얼굴에도
함께 활짝 꽃이 핀다네

꽃이 피네
그대를 향한
내 마음도 꽃이 핀다네

내 사랑을 바친 그대
이젠 내 가슴 한가운데
그대의 꽃을 피우리라

내게 사랑이라는
감정을 알려준 그대

내 가슴을 아낌없이
그대에게 내어드리리다

꽃이 피네
그대에게 핀 꽃잎은
내 가슴에 자리 잡고 있다네

우리의 사랑도
내 가슴에 있으면
좋으련만…

가을밤

산소에 벌초 갔다
밤나무가 있어

줍다 보니 한 자루 두 자루
시간 가는 줄 모르고

머리 위에 떠있던 해는 저산
중턱으로 넘어가는구나

오늘 밤은 맛있는 산밤을
많이 먹겠군 밤 맛 참 좋다

아이들 먹기 좋게 까서
작은애 한입 큰애 한입

사랑하는 이 한입 나 한입
우리 가족 행복을 먹네

깊어가는 가을밤 밤이
우리 가족에 행복을
전해주네…

간밤에 내린 눈

간밤에 내린 눈이
내 마음을 송두리째
뒤흔드는 이른 새벽

소복이 제멋대로
흐드러지게 핀 창문 밖
하얀 눈꽃들의 속삭임

이런 날은 누구에게나
가슴에 남아 있을 보고픈 이가 생각나겠지

환한 미소와 기쁜 마음으로
눈이 내려서인지 당신이

보고 싶다면서 한달음에
내게 달려와 줬으면 좋겠네

멀리서 있어도 내 마음을
뒤흔들고 내 심장을
콩닥콩닥 뛰게 한 너

이 새벽 아침에 하얀 세상을
바라보는 나의 가슴으로...

간밤에 찾아온 눈

간밤에 소리 없이
내린 눈은 소복이 쌓여
추위에 떨고 있는

헐벗은 나뭇가지에
새하얀 옷으로 여기
저기 입혀놓았네

장독대 뚜껑에 소복이
쌓인 눈을 쓸어가며

그 속에 있는 하얀
동치미 국물 한 동이 꺼내

아침상에 올려놓고
도란도란 웃음꽃이 피고

뜰 앞마당에 그 누구도
지나간 흔적 없이

한 포기 그림을 그린 듯
정결하게 수놓아져 있네...

겨울이 가고 봄이 오는 소리

어디선가에서 내 가슴속
마음의 창문을 두드립니다

겨울바람이 떠난다는
인사말이라도 하려고
스쳐 지나간 흔적일까요

아님 봄바람이 다시
찾아왔다는 힘찬 노크일까요

계절은 시간이 되면
제자리에 다시 돌아오듯

내 마음속에선 이미
파릇파릇한 새싹이 피고
봄이 오고 있네요…

봄이 오는 소리

시냇가엔 아직 얼음이
녹지 않고 찬바람도
가시지 않았는데

여기저기에선 새싹들이
꿈틀꿈틀 들려오는
향긋한 봄내음

파릇파릇 정겹게
속삭이듯 내 귓가에 대고
살포시 인사하네

꽁꽁 얼어붙은
땅속에선 개구리가
기지개를 펼치는 소리

하늘에 따스하고
포근한 기운이 땅속으로
내려앉자 깊이 스며들고

노오란 개나리꽃이
봄을 알리려 삐약삐약
재잘거리며 눈웃음 짓고

울긋불긋 진달래꽃이
연분홍 꽃이 되어 님에 소식
전하려 향기를 내뿜네

달래 냉이 씀바귀 등등
봄 향기가 아낙네의 치마폭에
한아름 가득 담겨지고

봄은 벌써 내 마음속에
와 닿는데 산골짝이

그늘진 곳엔 눈꽃이
철 지난 줄 모르고
게으름을 피우네…

비 내리는 날

함께 있을 땐 전혀
몰랐던 그녀의 매력

지금은 잠시 떨어져 있는데
왜 이리 그리운 걸까?

그녀가 남기고 간 홍차를
한 모금 한 모금 마시며

그녀와의 짧은 추억을
가슴으로 돼 새기며

곁에 있을 땐 아무 생각 없이
그냥 지나쳤던 시간들

이젠 다시 만나면 인연의
끈을 놓치지 않으려고
다짐하고 또 다짐합니다

그녀가 남기고 간 건 홍차뿐 아니라
우리들의 추억까지 남겼네

내가 힘들고 지쳐 있을 때
짧은 문자 한 통으로
나의 피로를 풀어주네

오늘처럼 비가 소리 없이
촉촉하게 내릴 땐

그녀의 마음에도 나의
사랑의 비가 촉촉이 스며들겠지

빗방울 떨어지는 소리와 함께
행복한 사랑이 싹트겠지…

비 오는 날

작은 우산을 함께 포개 쓰고
가까이 좀 더 가까이
그대에게 다가갑니다

그대의 시린 어깨를 감싸서
내 따뜻한 체온을 느끼게 하고

머릿결 위로 그대의 숨결이
내 가슴에 와 닿을 때

빗속에서도 사라지지 않는
그대의 상큼한 향기를

내리는 비도 어찌지 못하는
그대를 향한 내 연정을

확인해버린 날 그래서 더
이별이 힘든데 비가 오는
날에는 더욱더 힘들 답니다

비 오는 날은 다정스럽게
데이트하는 행복한
연인들을 떠올리며

절대 부러워서 그러는 건
아니에요 절대로
그냥 끄적끄적해 봅니다…

벚꽃

내가 젤 좋아하는
꽃이 되어버린 벚꽃

일 년을 기다리고 기다려야
겨우 며칠을 만날 수 있는 너는

내 첫사랑처럼 설렘을 주고
몽글몽글 피어나는 하얀 요정

어여쁜 그릇에 너를
한가득 채워놓고

국이랑 밥이랑 가득 담아서
무슨 맛이 날까 먹어보고픈 나

요즘은 네가 존재하고 있는 한
세상이 다 액자 속 그림 같고

거리를 걸으며 만나는
하얀 너를 눈 속에 담고
또 담는다. 마냥 즐거운 나

팝콘처럼 매달린 너를
나무 밑에서 고개를 내밀고

바라보는 그 느낌 너무 좋아
며칠 후면 또 일 년을

기다려야만 널 또
만날 텐데 아쉽다

남은 며칠 동안에 부지런히
너의 눈부신 하얀 자태를
담고 또 담아둬야지

자연이 준 소중한 선물
나의 귀여운 팝콘 벚꽃…

제2부

그대
어디쯤에 있나요

그대 내 곁에 있어줘

촛불은 자신의 몸을 태워
환하게 밝혀주지만

당신은 그럴 필요 없어요
날 사랑하는 그대의 눈빛이
내 몸을 환히 밝혀주니까

나무의 열매는 몸을 받쳐
나에게 먹는 즐거움을 주지만

당신은 그럴 필요 없어요
사랑해요 그 속삭임 한마디면
내겐 그 무엇보다
달콤한 열매인걸요

꽃은 자신을 희생하며
나에게 향기를 주지만

당신은 그럴 필요 없어요
항상 내 곁에서 그대가 날
바라보고 있다는

향기만 전해주세요

나무는 자신을 태워
나에게 따뜻함을 주지만

당신은 그럴 필요 없어요
사랑하는 마음을 내게
전해주면 얼어있던

내 마음이 녹아 따뜻하다 못해
뜨거울 테니까요

벌은 가족을 지키기 위해
침을 쏘아 자신을 희생하지만

당신은 그럴 필요 없어요
날 떠나지 않는다는
약속만 해 주세요

내가 당신을 아껴주고 사랑으로
지켜줄 테니까요…

그대 생각에

그대가 머물 곳은
나의 마음 깊은 곳입니다

그대 그리운 마음이
내 마음속 깊이 있기에

오늘도 변함없이
그리움으로 내 안에 있는
그대를 움직여 봅니다.

내 심장을 툭~툭 건드린
그대 생각에 젖어봅니다

그리움으로 더욱더
깊어지는 그대 마음
무지개 빛깔처럼 고운 그대

내가 숨 쉬는 이 시간에도
그대 숨결 툭 건들려봅니다

나의 사랑이 그대이기에
나의 행복도 그대이기에

나의 호흡이 반응하는 지금
그대 대한 나의 사랑 이대로…

그대 생각하다 보면

아침에 일어나면 내 생각
얼만큼 많이 하나요.

그대 생각하다 보면
모든 것이 엉망이곤 하지요

저 하늘의 구름만큼은
아니더라도 앞마당에 피어있는
꽃만큼은 내 생각하겠지요

평소엔 미소와 웃음이지만
그대 화난 일로 내게

하소연하는 동안이라도
주절주절 많은 대화를
나눌 수 있어 기쁘다오

모든 걸 나한테 얘기해준 당신
마음을 알아서 더 기쁘다오

그대 맘이 편해야
내 맘도 편한 걸

그대 기운이 없음 내게로
언제든지 달려와 주오

날 보면 그대 그리움이
행복충전이 되지요…

그대 아시나요

그대 아시나요.
내가 그댈 좋아한다는 걸

그대 아시나요.
내게 그리움이 뭔지
알려준 사람이 그대라는 걸

그대 아시나요.
내 가슴이 그대가
머무는 곳에 항상 있다는 걸

그대 아시나요.
내가 오랫동안 그리움의
대상이 그대라는 걸

그대 아시나요.
요즘은 모든 것이 그대 때문에
소중하게 느껴진다는 걸

그대 아시나요.
나의 마음을…

그대 찾아 떠납니다

그리움에 더 멍들 곳 없는
마음이 이야기합니다.

시간이 지나면 아픔도
슬픔도 무뎌지고

그리움도 설레임도
사랑도 추억이 되겠지요

피식 웃음 지을 수 있는
날이 올 거라고 난 믿어요

지친 나를 이리도
슬프게 다독입니다.

웃어도 웃는 게 아닌
날들에 지친 마음도
길을 찾지 못합니다.

더 이상 지치면 그대 곁을
찾지 못할까 봐 짐 그댈
찾아 떠납니다…

그대 어디쯤에 있나요

그대 어디쯤에 있나요
그대의 달콤한 향기가

바람을 타고 내게로
다가오는 걸 느낄 수 있다 네요.

그대 어디쯤 와 있나요
그댈 기다리고 있는 동안

마음이 설레어 하루 종일
가만히 있질 못하고 있네요.

그대 어디쯤 와있나요
그대 발자취라도 따라가

어디론가 함께 떠나고 싶은
마음 가득히 설레네요.

세상 모든 향기보단
그대에게서 나는 그런

향기가 내겐 진하게
내 코끝에 머물러 있다 네요

그대 어디쯤 와있나요
아무리 둘러봐도 보이질 않네요.

아~ 벌써 내 가슴에 자리 잡고
있는 사람이 그대였군요…

그대 함께 해요

눈부시고 뜨겁고
햇빛 너무 싫어하는데

이런 햇빛 아래 그대랑
함께 있어 봤으면 좋겠다

취중에 길가에서 이런
생각이 드네요

그대를 만나고 알게 된 건데요
사랑은 나뿐만 아니라
세상을 다 바꿔 놓았네요

고마워요 내 사랑아
고맙긴 한데 우리 사랑
너무 어려워서 힘들다

자려고 마신 술인데
오라는 잠은 안 오고

내 가슴엔 당신 보고픈
그리움만 밀려오네

술로도 해결이 안 되는 거네요
내 안에 당신은…

그대가 내게로 올 땐

사랑하는 사람이여
그대가 내 곁에 올 땐

이 세상 모든 걸 미련 없이
다 버리고 내게로 오세요

체면도 자존심도
걱정도 어떤 이목도
다 버리고 내 곁에 오세요

세상 사람들 아무도
모르게 힘든 그대 마음
내 가슴에 묻어 두세요

고통도 시련도 고난도
다 내 가슴에 묻어놓고

그대 목숨이 다하는 그날이 와도
내 가슴에 묻어 두세요

세상사는 사람 아무도
모르게 내가 짊어지고 가리다

사랑하는 이여 이 세상 미련
버리고 내게로 오세요

아무런 생각 없이 그대만
내 곁에 오시면 됩니다

그대 머릿속 근심 걱정
내가 모두 다 지워 주리다

그대와 나 이 세상에
존재하지 않는 것처럼

꿈결 같은 천국을 거닐며
모든 걸 잊고 그대와 나
끝없는 사랑 나눕시다.

그대

만나기 전엔 그대 생각에
        기다림이 있어 좋고

만나면 만나서 좋고
        함께 있으면 더 좋고

헤어지기 전엔 다시
        만날 수 있는 희망이 있어 좋고

헤어져 있음
        늘(항상)~ 그리운 당신

그대가 그리워

출근길 젤 먼저 묻는다
그대의 안부를

누군가 날 기다리고
있다는 설레임 가득

기다리는 짧은 이 시간이 항상
길게만 느껴지는구나

시간아 지금 이 시간하고
그대 만나는 시간 하고
바꾸지 않으렴

시간아 지금은 빨리
지나가다오

우리가 만날 땐
시간아 멈추어다오

바람아 불어라
내 맘과 함께

그대가 있는 그곳으로
날 보내 다오…

그대가 남긴 건

그대가 내게 남긴 건
사랑뿐만 아니었지요

나는 내가 살아가는
이유를 몰랐는데

그 삶에 이유가 되어주었지
내 삶을 서서히 바꿔 놓았지요

이대로 아무 생각 없이
오직 그대만이 내 삶이
되어 주었지요

너는 내게 말했지
너에 곁에 다가와
사랑해줘서 고맙다고

그건 내가 너에게
해주고 싶은 말인데

너는 내게 말했지
우리 사랑 영원히 변치 말자고

나는 너의 수호신이 되어
영원히 함께 할 거라고 약속했지

나는 너의 바람막이가 되어
항상 그 자리에
그렇게 서있을 거라고…

제3부

사랑의 유통기간

사랑 그 누구에게도 줄 수 없는 것

사랑이 무엇인지 잘 몰라도
왠지 가슴이 울렁거려요

자꾸만 누군가 그리워져요
그게 바로 당신일 거예요

자꾸만 누군가 보고 싶어 져요
그게 바로 당신인가 봐요

설렘이 있는 이내 마음
아마도 사랑일 거예요

사랑 그 누구에게도
함부로 줄 순 없는 건데

당신에게만 주고 싶은 거네요
당신에게서만 받고 싶은 거네요

당신을 보면 약해지는 이 마음
그것 또한 사랑일 거예요

당신의 꺼져가는 사랑의 불씨
내가 다시 밝혀주고 싶네요

당신의 아픔까지도 사랑으로
감싸 주고 싶네요

난 당신께 사랑한다는
이 말밖에 할 수가 없네요…

사랑하세요

헤어질 땐 미련 없이
헤어지더라도

사랑할 땐 모든 정성을
다해 사랑하세요

헤어지고 나서 후회한들
아무 소용이 없는 사랑인 걸

뒤늦게 사랑하지 말고
사랑할 땐 앞에 서서

망설임 없이 있는 그대로
당당하게 사랑하세요

헤어지지 말아요
알 수 없는 미래에
희망을 걸지 마세요

이미 지난 과거 때문에
지금을 놓치지 말아요…

널 사랑해

난 말하는 거 싫어해
　　　　많은 사람들에겐 더 싫어

근데 너를 알고 나선
　　　　계속해서 말하고 싶어

널 사랑해 라고...

사랑한다

큰소리로 사랑한다
사랑한다고 말하고 싶지만

나는 그냥 감정을 삼키고
마음을 다스리고 달랠 뿐

이미 내 곁에서 저만치
멀어져만 갈 것 같은 느낌

그 잘못된 생각이
그대로 하여금 내게서
자꾸만 멀어져 가는데

나의 가슴속의
텅 빈자리는 무엇으로도
매울 수가 없다네

나의 일방적인 사랑인가
표현의 단순함인가

내가 내속으로 생각한 거
내가 느낀 거 말해본다

표현하지 못하면 상대가
아무것도 모르는걸 나 혼자

생각하고 변한들 그대가
모르고 있는걸 난 참 바보 인가 봐…

사랑

짙은 안갯속의 새벽녘
       호수가엔 아지랑이처럼
             물안개가 피어오르고

멀리 산자락에
       꽃이 피듯이 구름이
            살짝살짝 걸쳐있네

안개비가 잠시 내 곁에
       머물 새도 없이

그대 곁에 흔적도
       없이 사라지네

잠시 소리 없이
       머물다 가도 그 흔적은

나의 마음처럼
       그대 곁에 남아 있겠죠

내가 잠시 곁에 없어도
　　　그대 울적하지 말아요.

내 맘은 정성 가득 담아
　　　항상 그대 품에 있다는 걸

그대 나의 대한 생각과
　　　나의 대한 마음에

잠시 떨어져 있는데도
　　　한없이 그리워지네요.

그대의 마음을 어찌
　　　산의 아름다움과
　　　　　그대를 비교하리요

그대가 이 세상에서
　　　숨 쉬고 호흡하는 동안

그대에 대한 나의 사랑도
　　　함께 숨 쉬고 호흡할래요…

사랑나무

나는 향기로운
당신의 사랑나무입니다

나의 잎은 단풍이 들어
당신 곁에 다가가

책갈피가 되어 사랑의
메시지를 전할래요.

나의 향기는 살랑살랑
바람을 타고 살며시 다가가

당신 품속에 살포시
안기어 향기를 전할래요.

나의 꽃은 당신의 곱고
아름다운 얼굴에게

다가가 항상 구김 없이
활짝 피울래요

그러나 난 잃은 게
하나도 없습니다

당신의 향기와
당신의 마음과
당신의 웃음이면

나의 사랑나무는
다시 꽃을 피우고
싹을 틔울 테니까요…

사랑의 배터리

오늘따라 당신이
미치도록 보고 싶네요.

당신을 만나면 이미
방전이 되버린 사랑의

배터리를 가득
채워야 하는데

지금 이 시간이 지나면
당신께 주저 없이
달려갈 테니 기다리세요.

볼 수 있을 때까지 조금만
참고 기다리세요.

만나서 서로가 마음의
부담만 없으면 원하는 만큼
금방 충전이 될 거예요

당신 마음이 내 곁에 있으면
부담도 크나큰 행복이지요

만나면 당신 그리운 만큼
격하게 안아 주리다

내 사랑 곁에 가고 싶어
한밤중에 뜬눈으로
밤을 지세 웁니다…

사랑의 유통기간

부족한 게 많은 제가 감히
당신 곁에 머물러도 되는지

가끔은 죄스러운 맘에 당신을
어떻게 바라봐야 하나

고민도 되었지만~ 이제는
내 사랑은 내가 지켜야 하기에

그런 고민 따위는 잠시
내 작은 마음 한구석에
보관해 두기로 했답니다.

하지만 당신이 말한 것처럼
사랑엔 유통기한이 없듯이

우리의 우연한 만남으로
시작된 작은 인연의 만남은
비록 깨알처럼 작았지만

서두르지 않고 조금씩 조금씩
예쁜 사랑 키우다 보면

먼 산 위에 우뚝 솟아 있는
큰 바윗돌 보다 큰 사랑으로
커나가리라 믿고 싶습니다.

당신의 마음도 제 마음도
유통기한 없이 변질되지
않는 사랑이길 기도해 봅니다…

사랑에 취해

술을 오랜만에 마시면
금방 취하겠지요

당신도 오래 동안 떨어져
있다가 만나면 금방
사랑의 취하겠지요

술을 조금씩 조금씩
마시고 적응하면 흥과 진정한
술의 깊이를 알게 되지요

당신도 자주 보면서
서서히 서서히 사랑의

깊이를 알아 가면 행복한
사랑을 보장받겠지요

그렇다고 너무 많이
마시면 술에 취해
중요한 일을 망치겠죠

당신께도 한꺼번에 취하면
진정한 사랑을 모르겠죠

술은 적당히 한잔 두 잔
마시면 즐거움이 가득한데

그런데 사랑은 아닌 것 같네요
사랑은 무한정 주고받아요.

사랑은 퍼줄수록 자꾸자꾸
샘솟는 마르지 않는 샘이니까

당신께만 그 사랑의 샘물을
열 수 있는 열쇠를 드릴게요…

사랑하는 사람 곁엔

사랑하는 사람 곁엔
지나간 추억도 못다 한
아쉬움으로 남는 거래요

사랑하는 사람 곁엔
스쳐 지나간 첫사랑의
느낌이 살아있는 거래요

사랑하는 사람 곁엔
보고 싶어서 어떤 핑계를
대고라도 그 곁에 다가가는 거래요

사랑하는 사람 곁엔
지나던 길인데 커피 한잔 어때
꼭 보고 싶어서 왔으면서~~

사랑하는 사람 곁엔
시간 되면 커피 마시러 갈께
일도 없으면서 바쁜 척

사랑하는 사람에겐
근처에 왔는데 커피 마실래

커피를 핑계 삼아 사랑으로
다가서는 거래요

사랑하는 사람과 마시는 커피에
내 마음을 담아 주면 달달할 거래요

사랑하는 사람과 마시는 커피는
느낌까지 달라지네요

누구랑 마셔도 좋은데
사랑하는 사람과 마시는 커피는
행복을 마시는 거네요
그대 마음 곁에 앉아 있네요
지금 커피(사랑) 한잔 하실래요…

사랑한다는 건

말로는 마음을 다
표현할 수 없겠죠
미안합니다. 고맙습니다.

은혜합니다. 사모합니다.
사랑합니다. 또 뭐가 있을까

은혜하고 사모하고
사랑합니다. 당신에게
닿을 때까지 말할래요

표현할 수 없다고
말하지 않으면
너무 많이 아플 테니까

사랑하는 당신만 생각하며
일단은 잡니다. 졸려요

그댄 아프지 말고
그냥 있어요. 덜 미안하게

그냥 보고 싶어서 그래요
그럼 안 되는데 그대가

뭘 하는지 다 알고 싶어서
상처가 자꾸 부딪치다 보면

무뎌지잖아요. 저도
괜찮아질 거라 믿어요

지치지 말고 조금만 더 견뎌줘요
부탁이에요…

사랑할 자격

우리 늦은 사랑이 당신을
힘들게 하나 봐요

왜 이것밖에 안되는지
전 사랑할 자격이 있나요

사랑받을 자격은 따로 없어도
난 아직 받을 자격이 없나 봐요

그냥 덤덤하게 받아들일 수
있는 날이 내게도 오려나요

매일이 미안한 것 투성이라
진짜 지쳐 갈까 봐

두렵고 답답해서
앞에 있어도 그리워서

그냥 실컷 울 수라도 있으면
속 시원하겠는데

그만한 자격도 저에겐
주어지질 않네요

심난하게 해서 미안해요
쟤가 맨날 왜 저럴까

생각할 당신께 조금이나마
설명을 해야겠는데

이렇게라도 두서없이 써 봐요
보고 싶은 맘에 시간 가는 줄 모르고

삐뚤어진 사랑에 미안함이
가득한 하루하루가 되네요

그래도 당신을 무척 사랑해요
내겐 그럴 자격이 있겠죠…

제4부

그리운 사랑아

그리운 사람

지금 나는 사랑의
구렁텅이에 빠졌습니다

내 하루를 다 바쳐
사랑한다 말해도

어쩌면 부족할지도
모르겠습니다

오로지 내 것일 수
없는 당신을

마음에 품고도
그저 마음속으로 사랑만 합니다

마음속으로 사랑만 하는
나는 기도합니다

사랑이 병이 되어
당신께 독이 되지 않기를

시간이 많이 지나 흐릿한
기억으로 남게 되어도

입가에 엷은 미소 지을 수
있는 사랑이길

내 사람이 내 사랑이
온전히 될 수 없음에도 난
당신만 사랑할 것 같습니다

이런 사람 있다는 거
알아주길 기도합니다…

그리운 사랑아

그 사람을 좋아하는데
좋다고 말하지 못하고

그 사람을 먼발치에서
기다리기만 한답니다

이제나 저제나 연락이 올까
연락이 오면 이렇게 좋은걸

사랑해도 사랑한다
말 못 하고 그저 친구로만
내 옆에 있어달라고

연인이고 싶은 마음 간절한데
그대가 내 곁에서 떠날까 봐

그냥 친구로 남아서
보고프면 볼 수 있는 사람으로

연인은 조금만 소홀해도
헤어지는 이유가 되지만

친구는 많이 소홀해도
언제든지 만날 수 있어서

그냥 친구가 좋다
내가 우울할 때 찾아와

무슨 일 있는 것 같아서
널 보러 왔다고

사랑해도 사랑할 수 없는
사람이여 그래도 그대가

항상 내 곁에 있어 슬퍼도
웃을 수 있는 거라네…

그리운 새벽

어둠 속 한 점 빛을 따라
그대에게 갑니다

같이 걷는 이도 안내하는 이도
없는 칠흑 같은 어둠 속에

급한 마음 억누르고
걷고 또 걷는 발걸음이

조심스럽지만 쉬지도
도움을 청할 수도 없네요

이 어둠이 걷힐 때쯤
당신 곁에 서서

나 여기 왔다고 밝게
손 흔들어 보이고

따뜻한 당신 가슴에
파묻힐 수 있다면

조금은 무섭고 두렵기도 한
이 캄캄한 길을 또 걷겠습니다

힘든 길 마다하지 않고
당신께 가겠습니다…

그리움 속 그대를

창밖에는 비가 내리지만
내 가슴엔 그리움이 내리네

푸석푸석한 먼지는
빗물에 씻기지만

내 마음속 그리움은
무엇으로 채울까

가뭄에 빗방울
떨어지는 소리는

농부의 기쁨이요
하늘의 선물이다

멀리서 들려오는
전화벨 소리는

나의 기쁨이요
나의 행복이다

빗방울 소리 똑똑
또--옥 떨어지면

나의 그리움도
한없이 떨어지겠지

비가 내리면 메마른 대지를 적셔
생명의 싹을 틔우지만

내 마음에 내리는 그리움은
무엇으로 지울 수 있을까

거센 비바람이 몰아쳐도
잠시 스쳐 지나가지만

내 마음의 비바람은
언제쯤 잔잔해지려나…

그리움 충전

피곤도 잊은 채 내 마음은
이미 내님 곁으로 향하고 있는 걸

산비탈에 자리 잡은
벗들과 하룻밤의
달콤한 보금자리

그리운 벗을 향한 발걸음
한 사람 두 사람 모이면서

내 맘의 그리움도
한 겹 두 겹 벗겨지네

매일 사이버상의
그리움으로부터 해방

이젠 그님들을 직접 만나
그리움을 논할 수 있어 기쁘오

기존에 알던 벗은
알아서 편해서 좋고

처음 본 벗들은 새로움을 알아가는
즐거움이 더해서 즐겁고

잠시 피로에 지친 몸을 바닥에 누워
한 명 두 명 내 옆에 누웠네

내 마음도 벌써
벗 곁에 함께 누워있네

벗은 그런 거야 언제나
편히 옆을 내어줄 수 있는 거야

짧은 만남 긴 여운을
뒤로 한채 아쉬운 작별

항상 이런 마음으로
하루하루를 살으렵니다

행복 충전 가득
그리움 충전 가득...

그리움

사랑의 장벽을 넘지 못하고
오늘도 동쪽 하늘에 해가 뜬다

그대와 나 마주 하는 눈빛에
서서히 그리움만 쌓이는데

수많은 낙엽 하나하나에도
사연이 많고 많은데 우리는

그 낙엽 속에 파고드는
바람 속 먼지처럼 여기저기
떠돌다 만난 힘든 인연인데

우리 이젠 서로에게
마주 보면서 주고받는

진실된 뜨거운 사랑으로
인연의 길을 걸을 것이다

받는 사랑 보단 상대에게
먼저 베풀 줄 알아야 하고

그대에게 사랑받을 때 아무런
부끄럼 없는 내가 되어야 한다

사랑은 둘이 한 곳을 바라보고
그곳을 함께 가는 것입니다

때론 슬퍼도 슬퍼할 수 없고
때론 아파도 아파할 수 없다

내 슬픔과 내 아픔을 당신에게
조금이라도 말하지 못하는 건

내가 당신을 너무나도
사랑하기 때문입니다

사랑이 깊어지면 말하지
않아도 당신의 눈빛으로

당신의 슬픔 당신의 기쁨을
향기로 내게 전해질 겁니다…

두려움

한 발짝 한 발짝 다가설 수 있을까
두려움이 없고 그리움이 있다면

한 발작 한 발작 물러나면
외로움의 길을 가야 하는데

그대의 미소가 가슴속을
지배하며 머물러있어
뒷걸음치지 못하네

다가가면 다가갈수록 왠지
그대가 떠나갈 것만 같아

그대의 눈동자에 눈물 가득
슬픔이 드리울 것만 같다

잠시 머물러 있을 뿐인데
그대가 웃을 수 있다면
그 하나만이라도 나는 행복하다

그대를 사랑함이 두렵다
떠나는 아픔이 두렵기 때문에

내 곁에서 차츰차츰
멀어지면 어찌하나

한 발짝 뒷걸음치며 눈물 가득
여린 냉가슴만 앓네…

그리움을 채우고

보고 싶은 너를 그리며
그리움이 넘치도록
술잔을 채우고 또 채우고

너를 애써 잊으려고
그리움을 술잔에 채워
채워진 잔을 비우고

잔을 채우는 건지
그리움을 채우는 건지
마음을 채우는 건지

네가 다시 떠올라
잊으려고 잔을 비우기를
반복하니 벌써 한병 두병

방안 가득 쌓이는 건 술병이오
내 마음에 쌓이는 건 그리움이오

모자란 듯 모자란 듯
잔을 채우다 보니

넘치는 건 마음이요
모자란 건 술 뿐이구나…

그리움의 비가 온다 1

비가 온다
이 빗줄기 따라 나도
어디론가 흘러가고 싶다

비가 온다
내 마음에 그리움의 단비가
하염없이 흘러내리고 있네

비가 온다
나의 설레임과 그대의 마음이
향하는 곳으로 떠나고 싶다

비가 온다
사랑도 그리움도 설레임도
이 빗줄기 따라 끊임없이 오네

비가 온다
내 마음의 푸석푸석한
사랑의 먼지가 촉촉하게 젖어든다

비가 온다
빗방울 떨어지는 수만큼
그대를 사랑하리라…

그리움의 비가 온다 2

비가 온다
한 방울 두 방울 떨어질 때마다
나의 그리움이 그대 곁으로
한걸음 한 걸음씩 다가가 있네

비가 온다
어제 떨어진 빗방울 소리와
오늘 떨어지는 빗방울 소리는
같은데 난 왜 느낌이 다를까?

아마 그건 그대를 사랑하는 마음이
어제보다 오늘이 더하기 때문이겠지

비가 온다
어제 못다 한 그리움을 달래듯
빗물이 그대 마음을 느낄 수
있도록 내게 전해 주네

비가 온다
주르륵 주르륵 창가에

노크하듯 떨어지는 빗방울처럼
나의 마음이 그댈 향해 노크하네

비가 온다
모든 걸 다 뒤로하고 내 눈에
보이는 빗방울 수만큼 초시계로
계산해서 그대와 사랑을 나누리…

그리운 벗

멀리 있기에 더욱더
보고프고 그리운 친구

서로 밤낮이 바뀐 상황에
뜻하지 않게 안부를 물어온다

친구가 내게 묻는다
서로에게 오래도록 함께하고
힘이 되어주길 바란다고

그건 꼭 다짐하기보단
대화로써 벌써 그 맘이
충분히 느껴졌던 걸

너를 만나 웃을 수 있고
20대 청춘으로 돌아가

연애하는 느낌으로
내게 다가온 친구라고

내 과거를 스스럼없이
얘기할 수 있어 좋았다고

그렇게 내게 다가온
친구에 대한 보답으로
내 맘이 열리게 된 걸

넌 나에게 잔잔한
물결 같아 항상 인사말이
내게 평온을 가져와

난 그 누구의 화려함보다
너의 그 수수함이 좋아

그래서 넌 충분히 젊고
사랑받을 자격이 있는 친구야

늦게나마 내 곁에 다가와 줘서
고맙고 보고 싶고 사랑한다…

그리움이 내게 손짓하네요

그리움이 내게 손짓하네요
더 이상 그리워하지 말라고

그리움이 내게 말하네요
그리움의 결실은 사랑이라고

그리움이 내게 속삭이네요
사랑하는 사람 만나 행복하라고

그리움이 울먹이네요
더 이상 내가 필요 없다고

그리움이 기쁨의 눈물 흘리네요
너로 인해 내가 떠날 수 있어서

그리움도 아쉬운 건지
무언의 손짓하네요
네가 그리울 거라고…

제5부
내 곁에 있어줘요

내 가슴속 그대

눈 감으면 떠오르는 사람
        멍하니 생각나게 하는 사람

순간순간 그리운 사람
        설렘이 있어 좋고

기다림이 있어 행복한 사람
        날 한없이 기다리게 만든 사람

내가 어디에 가든 항상
        내 마음속에 간직한 사람

이제라도 내 앞에 그대 모습
        보여줘서 고마워요

그 사람이 내 앞에서 미소 짓고
        있는 바로 당신이야…

내 가슴으로 다가온 당신

오랫동안 가슴속에 품어왔던
그리움을 이제 조금이라도 느낍니다

늦은 새벽녘 스피커에서 들리는
당신인데 오늘 목소리 들으니

심장이 멎는 듯이 그렇게도
당신이 그리웠나 보네요

아무 말도 하지 말아 주세요
그저 잘 있다고 목소리만
내게 들려주세요

당신의 얼굴 안 봐도 좋으니
그저 날 항상 지켜보고 있다는
느낌만 제게 주세요

당신이 머무는 그곳에
내 마음도 함께였으면 합니다

당신이 다른 사람을 사랑한다 해도
나는 당신의 그림자라도 좋으니
당신만을 그리워하게 해 주세요...

내 곁에 당신

내 마음이 머물고 있는
그곳엔 내가 사랑하는 당신 또한
그곳에서 머물고 있고

내 사랑이 자리 잡고 있는
그곳엔 당신 또한
자리 잡고 있겠죠

당신이 어디에 있던
그곳엔 우리의 행복도
함께 하겠지요

당신의 안부가 무척
궁금해도 난 당신의
안부를 물을 수가 없네요.

내가 당신의 일을
방해해서 내 곁에
오시는 길이 늦어질까 봐

다른 건 아무것도 기억하지 말래요
내 가슴이 당신만 기억하래요

당신의 사랑을 알면서부터
내 삶에 크나큰 변화가 생겼네요

그전엔 생활 자체가 힘겹고
삶에 의미를 알 수 없었지만

당신을 알고부터 내 삶에
소중함을 알 수가 있었네요

당신만이 내 삶이라서
당신 곁에서 영원히
사랑하며 머물러 있겠습니다…

내 곁에 와준 당신

어떻게 나를 찾아와
함께 하고픈 마음을
키우셨나요

어떡하면 그대 옆에
없는 그리움을
달랠 수 있을까요

내 곁에 와 주신
그대로 인해 오늘도
웃을 수가 있네요

그동안 무엇을 하고
어디에서 어떻게
지내셨나요

지나온 세월보다 우리가
앞으로 함께해야 할
시간들이 더 소중하니까

흘러간 시간이
아쉬워 이젠

그대의 꼭 잡은 손
놓지 않을래요

눈을 뜨고 있어도
눈을 감고 있어도

그대가 늘 내 곁에
함께하기를…

내 곁에 있어줘

내 곁에 가까이 있어줘요

조금이라도 내 곁에서
떠나지 말아요

그대가 내 곁에서
멀어지면 아무것도
할 수가 없습니다

하루 종일 아무것도 할 수가
없답니다. 그대 생각에

그대 마음 머무는 어느
끝자락 어디쯤이라도

나의 마음이 그대 곁에
머물도록 해주세요

그대 눈길 향하는 쪽에
내가 항상 서있었으면 좋으련만

그대 행복 아래 내가
그 이유가 되었으면 좋으련만

그런 내 마음이 지금
이 순간 행복하답니다…

내 곁에 있어줘요

오늘도 저는 당신이 옆에
없어도 밥을 먹고 생각하며

잠도 자고 이런저런 사람들과
웃고 떠들며 잘 살아갑니다

근데 이런 거 저런 거
다 필요 없고 딱 하나만

안 먹어도 잠 안자도 되고
아무것도 없어도 좋으니

당신만 그냥 내 옆에
있었으면 좋겠습니다

아무런 말 하지 않아도
아무것도 할 수 없어도 좋으니

그냥 내 머리 한번
쓰다듬어 주고 내 곁에서

당신 손만 잡고 있을 수
있었으면 좋겠습니다…

내 눈앞에 있는 당신

내 눈앞에 있는 당신
   왜 이렇게 좋은가요

내 눈앞에 있는 당신
   왜 이렇게 귀여운가요

내 눈앞에 있는 당신
   왜 이렇게 사랑스러운 가요

내 눈앞에 있는 당신
   내 곁에 있어줘서
고맙고 감사해요…

내 눈앞에 보이는

지금 내 눈앞에 보이는
당신이 제일 예쁘고 아름답다

어제의 인연도 좋았고
내일의 인연도 좋을 테지만

오늘 내 눈앞에 보이는
당신은 내 마음의 안식처이다

내 마음이 어떻게 변할 건지
나도 당신도 모르겠지만

지금 내 눈앞에 보이는
당신이 가장 사랑스럽다

내가 걸음을 걷지 못해
당신과 함께 걷지 못해도

지금 내 눈앞에 보이는
당신이 나의 길동무이다

내가 멀리 타국에 가있어
가까이서 볼 수 없어도

지금 내 가슴속에 있는
당신은 나의 그리움이다

내게 사랑스런 여인이 되어주고
내게 안식처가 되어주고

내게 길동무가 되어주고
내게 그리움이 되어준

당신께 내 사랑을
아낌없이 드립니다…

내 눈에 보이는 당신

수많은 사람들 중에
신기하게도 당신만이
빛이 나와 내 눈에 보이네요

당신의 행동 하나하나는
나를 웃게 할 수도 있고
나를 울게 할 수도 있네요

그냥 사소하게
지나칠 수 있는 부분이 내게
소중하게 다가오네요

당신이 미소 지으면
나는 하루 종일 기쁘답니다

당신 얼굴이 찡그리면
나는 하루 종일 우울합니다

당신이 나에 대한 관심은
내게 크나큰 행복이니까요

당신이 먼 곳으로 떠난다 해도
그래도 원망하지 않을래요

당신이 있어 내가
살아가면서 조금이라도
행복할 수 있으니까요…

내가 살아가는 이유

내가 웃을 수 있는 건
당신이 즐거워하기
때문에 웃는 겁니다

내가 행복할 수 있는 건
당신의 해맑은 미소
때문에 행복한 겁니다

내가 우울하고 슬픈 건
당신의 얼굴에 수심이
가득 차 있기 때문에 슬픈 겁니다

내가 살아 숨 쉬는 건
당신이 이 세상에 함께 있기
때문에 살아가는 이유입니다

내가 이 세상에 존재할
가치가 없다는 건

그건 당신도 이 세상에
존재하지 않기 때문입니다

이 모든 건 당신이
내 마음속에서 항상

나와 함께 있기에
가능합니다…

내가 정말 좋아하는 사람은

내가 정말 좋아하는 사람은
숨소리조차 다르다

사소한 말 한마디에도
심장이 두근두근 거리고

잠깐의 침묵 속에도
내 가슴이 꽉 막힌다

내가 정말 좋아하는 사람은
향기부터 남다르다

스쳐 지나가는 소리에
내 몸이 반응을 하고

멀리 떨어져 있어도
당신의 향기가 내 코끝을

자극해 내 마음과 내 몸이
자연스레 당신에게로 향하네

내가 정말 좋아하는 사람은
아무리 미운 짓을 해도
미워할래야 미워할 수가 없다네

미워할 마음이 전혀 들지 않는
내가 정말 좋아하는 사람

내 곁에 있어 당신이 좋고
내 곁에 있어 그리움으로
다가와서 좋고

내 곁에 있어 설렘이 되고
내 곁에 있어 행복인 사람
내게 당신은 그런 존재입니다…

내 마음의 향수

오! 장미여 당신의
향기는 내 마음의
향수 같은 사람입니다

누군가에게 마음의
향수가 되는 사람보단

내 가슴의 향수가 되는
사람이었으면 합니다

항상 내 곁에 있다가
잠시 떨어져 있는

그 시간이 내겐 너무나도
긴 시간입니다

아름다운 장미는 당신의
향수가 그리워 지내요

내 마음에 향수를
느낄 수 있는 당신이

내 곁에 있다는 건
크나큰 행복입니다…

제6부

당신도 같은 마음이겠지요

당신 이름만 들어도

당신 이름만 들어도
설레이는 이내 마음

소리가 들리면 행여
당신 목소리 들릴까

소리가 들리는 곳으로
귀기우려 지네요

저 멀리서 바람이
불어오면 그 바람결에

당신의 향기도 실려 오려나
내 코가 반응하네요

창문이 바람에 흔들려
내 귓전에 스쳐 지나가도

당신이 문밖에서 두드리는
소리로 착각이 듭니다

간접적이나마 당신의
숨결을 느낄 수 있어

하루하루가 즐겁고
행복하답니다…

당신과 나

첨엔 그저 마음이 통하는
듯해서 그냥 좋았지요

일상에서 생기는 모든 일들이
당신과 나의 이야기인 듯
얼굴엔 미소가 가득했습니다

감정의 동물인 인간이기에
당신의 진실한 맘을 알아갈 때쯤

난 그 이상 내 맘이 당신에게
달려가는 걸 알았습니다

한없이 기쁘고 즐겁습니다.
사랑합니다. 보고 싶습니다.

하루 종일 난 당신을
보고파하고 그립습니다

그냥 생각만 해도 좋습니다
눈물 나도록 좋습니다

그동안 제가 많이도
외로웠나 봅니다

당신의 감미로운 목소리에
난 또 바보가 됩니다

이 시간이 이 시간이
영원히 멈추었으면 좋겠습니다…

당신과 함께

당신이 캄캄한 밤에 살며시
내 마음속으로 들어와

당신의 숨소리 들려주니
난 안심하고 고요히 잠듭니다

아침에 눈을 뜨면 당신의
향기로 또다시 행복한
움직임이 시작되네요

당신이 내 마음속에서 움직여
내 심장을 툭~툭 스치고 있네요

오늘 하루도 당신으로 인해
나만이 느낄 수 있는 그리움과

보고픔과 행복함으로
깊은 곳으로 파고 들어옵니다

나 당신이 이렇게 귀한
사람으로 하루하루를

행복하게 이끌어주소서

당신의 마법 같은
그 마음속에 내 향기를
다 내려놓고 말았네요

그대 생각 내 생각
둘이 하나 되는 생각으로

사랑을 주고받으며
오늘도 그대와 함께

그 속에서 행복한
웃음 지어 보아요

내 귀함이 당신과 함께
나누고 있으니 그 귀한
사람이 바로 당신입니다…

당신과 함께라면

당신과 걷는 이 길이
내겐 항상 처음인 것처럼
느껴졌으면 좋겠습니다

내 곁에 있는 당신은
아무런 말하지 않고 있어도

내 곁에 있는 것만으로도
당신 마음을 알 수가 있으니까요

그 어떤 가시밭길이라도
우리 앞에 지나가는 사랑을
막을 수가 없다네요

꽃의 화려함보다 당신의
사랑이 더 순수하니까

이미 지나간 세월이지만
이제라도 당신과

함께라서 난 너무나도
행복합니다...

당신도 같은 마음이겠지요

길을 걷다가도 당신 생각뿐
당신도 내 마음과 같겠죠

문득 당신과 커피 한잔 하고 싶네요
당신도 같은 마음이겠지요

무작정 어디론가 떠나고 싶네요
당신도 같은 마음이겠지요

이 밤에 당신 생각에 잠 못 이루네요
당신도 같은 생각이겠지요

순간순간 당신 생각에 당장
달려가고 싶은 사람이 나네요
당신도 같은 마음이겠지요

저 푸른 잔디밭에 당신과 함께
사랑이야기 나누며 거닐고 싶네요
당신도 그럴 테지요

당신 마음과 나의 마음이
항상 같았으면 좋겠습니다…

당신만을 사랑할게요

세월이 흘러 흘러 지금의
당신 모습이 아니더라도

처량하게 늙어가도 난
당신만을 사랑할게요

흰머리에 이마엔 주름이 깊게
파이고 얼굴은 쭈글쭈글 해져도

그때도 여전히 당신을
변치 않는 마음으로 사랑할게요

당신이 아파서 누워있어도
당신 곁에서 내가 지켜줄게요

하루 종일 일하고 이마엔
땀범벅이 되어 들어와도
난 여전히 당신만을 사랑할게요

이렇게 우리의 사랑이
변치 않고 영원히 간직하며
한평생 살아가자고요...

당신의 관심

나는 당신의
관심이 필요합니다

당신의 관심은 나의
행복으로 가는 길이니까요

나는 당신의
표현이 필요합니다

당신의 표현이 나의
하루를 즐겁게 만듭니다

나는 당신의
손길이 필요합니다

당신의 손길이 나의
얼어붙은 마음을
따뜻하게 녹여주니까요

나는 당신의 사랑해
말 한마디가 필요합니다.

당신의 사랑해 표현은
내가 제일 듣고 싶고
들려주고 싶은 말입니다...

당신의 꽃

나무는 물을 주고
거름을 주면 잘 자라지만

나의 나무는 당신의 사랑 없이
절대 자랄 수도 없고 꽃을
피울 수도 없답니다

꽃은 활짝 피어
그 주위 모든 이에게
향기를 전해주지만

나의 꽃은 아무리
진한 향기를 내도

오르지 당신만을 위한
향기로 가득 차 있답니다

당신만이 그 향기를
맡을 수도 있고
느낄 수도 있고

당신만이 그 꽃을 활짝
피울 수가 있답니다

허허벌판에 비바람은
벽이 막아주지만

나의 가슴에 회오리치는
비바람은 당신에 숨결만이
막을 수가 있답니다…

당신의 언어

오늘이란 그냥 흘러지나갈
나에게 펼쳐진 하루의 시간

두 번 다신 오지 않는
오늘 이 시간을 당신과 함께

그리움에 맺혀있던 가슴을
당신께 내 모든 걸 맡길 테니

내게 말을 걸어 무엇이 얼만큼
그리움을 어루만져 줘야 하는지

당신의 숨결을 느낄 수 있게
빛나는 얼굴로 찾아오세요.

알아듣지 못할 사랑의 언어가
우리 앞을 막는다 해도

나에 사랑으로 연구하여
당신의 언어를 이해하고
받아 드리겠습니다

내가 당신의 언어를
이해 못할까 봐 걱정하지 마세요

그 어떤 언어든 당신의 언어는
내가 이해할 수 있으니까요…

당신은 그리움입니다

당신은 그리움입니다
당신과 함께 하지 못하는
그리움에 아쉬워했던 순간들

그대의 마음이 간절할 때
그리움에 목말라했던 날들이

지금 잠시 떨어져 있어
기다리는 시간마저도

그대 사랑할 수 있는
마음에 행복해지고

내 눈가에 그리움으로
적시며 기다리던 그
순간마저도 행복합니다

그대와 사랑을 함께 하는
시간도 크나큰 행복이지만

그대를 그리워할 때가 더
아름답고 행복한 것 같습니다

지금 그대 볼 수 없기에
지금 그대 만날 볼 수 없기에

당신의 사랑이 더 아름답고
더 그리운 것 같습니다

애절하게 보고픈 사랑이
더 그리운 것 같습니다

사랑의 욕심보단 작은 배려라도
서로 마음으로 나눌 수 있어
더 그리운 것 같습니다

당신을 사랑한다면 내 안에
당신을 가둬 두지 말고

내가 당신 안에 들어가
당신의 그림자로 남아서
함께 하는 것입니다

나는 당신의 마음을
당신은 그런 내 마음을...

당신은 너무합니다

보고파서 매일매일
당신 곁을 찾아오는데

당신은 나의 마음을
아는지 모르는지
그저 웃기만 하지요

하루 종일 당신 생각에
멍하니 하늘만 쳐다보는
사람이 바로 나입니다

그런 내 마음 당신은 아는지
모르는지 야속하기만 합니다

아시나요 당신이
너무 하다는 걸 당신과
둘만의 시간을 갖고 싶은데

당신은 항상 많은
사람들과 함께하지요

내 마음을 몰라주는
당신이 야속하기만 하답니다

당신은 나에게 사랑이란
씨앗을 심어놓고
그냥 방치해 놓았습니다

다른 사람에겐 다정 다감하면서
왜 나에겐 애써 무표정한 거죠

그냥 좋으면 좋다고 말하고
표현하면 된답니다

당신 마음을 나의 마음에
차곡차곡 다 담을래요.
그게 나의 크나큰 행복인걸요…

당신을 만나는 행복

나는 네가 내 눈에
보이는 것만으로도 좋은데

네가 날 사랑해 주는 건
이 세상 얻은 기쁨인 걸

나는 몇 번이고 망설이고
망설이다가 너에게
손을 내밀었지

넌 그 손을 아무런
망설임 없이 선뜻
잡아줘서 고마운 당신

생각만 해도 가슴 깊이
설레는 이맘은 어쩔 수 없네요

하루하루가 어떻게
지났는지 모르게 즐거운
시간이 흘러가네요

그저 바라만 보았는데
입 꼬리가 절로 올라가네요

당신은 나에게 그런 존재인데요
내가 당신을 몰랐으면

이런 생각 이런 행복 아마도
알 수가 없었을 거예요

이런 행복을 준 당신이
한없이 감사합니다…

| 작품해설 |

사랑을 위한 그리움과 여정
– 손현도 『사랑은 끝없는 여행』

채 수 영
시인. 문학평론가. 문박

1. 시의 소리 듣기

 소리에는 실제로 들리는 소리와 가슴으로 전달되는 소리의 구분이 있다. 전자는 자연 현상계의 소리요 후자는 우주와 천지자연의 이치가 감동으로 전달되는 의미일 것이다.
 시인은 자연의 흐름이나 천지의 흐름에 들리는 소리를 가장 예민한 감수성으로 획득하여 그의 시에 조화로 삼을 때, 그 시인의 정신 층위(層位)는 보다 지고(至高)한 경지를 방문하는 시인이 될 것이다. 물론 모든 시인이 이런 경지를 방문하는 것은 아니다. 고도한 집중력에 초점을 맞추거나 명상의 최종경지를 방문하는 심오한 처지에 이를 때, 의식의 자유자재라는 말은 대입될 것이다.

이로 보면 시인은 겉은 평범한 사람이지만 내면세계는 절대적인 차이를 갖고 사는 사람이다. 이 같은 경지를 방문하기 위해서는 끝없는 시련의 언덕을 넘어야 하고 마침내 깨달음의 문이 열릴 때, 비로소 그의 시는 무게를 갖는 감동이 따라올 것이다.

시에는 소리가 있어 비로소 독자는 이를 알아차리는 절차를 획득한다. 물론 누가 깨우쳐주는 의타적인 것이 아니라 스스로의 자발성을 가질 때 시는 명확한 소리로 다가들 것이다. 다시 말해서 시인은 내면으로 소리를 창조하는 사람이다. 자기만의 독특한 방법을 구사하여 거기에 개성의 의상을 입혀서 때로는 화려하게 더러는 검소하게 표정을 창조하는 점에서 창조적 기교가 이름을 얻는다. 이를 시적 성취라 말한다면 모든 시인은 이런 절차를 갖고 자기변호를 나타낸다. 이제 손현도 시인의 목소리를 들을 계제(階梯)이다.

2. 그대 그리고 사랑의 메시지
1) 계절

인간은 계절을 벗어나서는 삶은 존재 자체가 불가능하다. 왜냐하면, 살아있는 호흡은 곧 현재를 의미하고 이 현재에서 과거가 나오고 미래 또한 근거를 제시하는 작업이 시작하기 때문이다. 여기서 현재란 과거와 미래를 연결하는 브릿지이면서 자기 존재를 형상화하는 공간이다.

봄, 여름, 가을, 겨울 4계절의 순환은 지형적인 특성이 더해지는 이미지일 것이다. 사막에서는 겨울이 없고 북극에는 겨울이 내내 진행할 것이기 때문이다.

봄은 생성의 기운이 앞장서고 여름은 봄을 이어받아 펼치는 일이라면 가을은 봄과 여름의 모두를 모아 결실로 나아 갈 때면 겨울은 진행의 모든 것이 멈추는 것 같지만 새로운 준비로 역시 진행의 순서가 보이지 않을 뿐 생명의 호흡은 연속 선상에 있다.

봄과 대척(對蹠)은 겨울이지만 그 부름의 이미지는 비로 시작한다. 비가 오면 봄의 입구는 열리고 여기서 겨울은 봄에게 새로운 배턴을 넘겨주고 무대 뒤로 사라진다.

1) 봄 – 비의 소리

만물은 깨움이 있어야 일어난다. 물론 자발성의 내면의 소리에 의해 봄은 온다. 다시 말해서 "봄아 오너라" 이렇게 호출한다 해서 오는 것이 아니라 봄의 기운이 내면의 부름을 받아 어느 날 천지자연에 퍼지는 이치를 자발성 혹은 내면의 에너지에 의해 비로소 봄이라는 이름의 간판이 시작된다. 가령 사랑도 단계를 거치는 순서가 있다는 점에서 계설의 순환과 다름이 없다. 손현도의 시적 발상도 이런 과정을 거치는 점에서 유사하다.

다시 말해서 계절의 변화와 사랑의 변화도 같은 궤적을 갖는 점에서 우주의 변화와 일치성을 갖는 이미지의 동일성이다. 이로 보면 세상의 순환은 별개의 것이 아니라면 전부가 하나의 줄기에서 이름을 달리하는 이미지일 뿐 돌출적인 것은 없다는 논리가 합당해진다.
　우주의 원리는 돌발적인 것이 아니다. 전부 정치(精緻)하게 맞물려 돌아가는 치밀성의 질서가 담겨진다. 여름의 노쇠하면 가을이 오고―손현도의 시에 여름의 이미지는 희소하다. 막바로 가을의 조락(凋落)이 다가들 때 시인의 의도를 명백하게 알아차릴 수는 없는 일이지만 봄과 여름을 한데 묶어 처리된 느낌을 준다. 우선 가을의 질서를 눈 여긴다.

　온갖 나뭇잎들의 의해
　단풍이 곱게 수놓았네

　산이 내게 다가오라
　손짓하네 같이 한 올 한 올
　그림 그리며 노닐자고

　나뭇가지에 물든 단풍이
　나의 발길을 한가롭게 만드네

　고목나무 깊게 파인 굴속엔
　다람쥐들이 겨울준비에

하루하루가 짧기만 하고
떠나는 가을이 야속하다네

숲 속 개울가엔 단풍잎들이
한가득 줄지어 물길 따라

다시는 돌아오지 않을
가을여행을 떠난다네

가을은 나에게 화려함과
풍요로움을 주었네
〈가을 숲〉에서

  손현도의 모든 시는 비교적 호흡이 길다. 이는 할 말이 많은 일이요 정서가 그렇게 진행하는 시심(詩心)의 말이 호소의 길을 선택할 때 나타나는 현상이다. 자칫 언어의 탄력을 일탈(逸脫) 할 수도 있지만, 자제력을 발휘할 때, 이런 염려는 불식의 길이 선택된다.

  '가을은 나에게 화려함과/풍요로움을 주었네'처럼 압축된 정서로 나타난다. 화려함을 꽃의 이미지요 풍요로움을 꽃의 다음 순서인 열매로 – 꽃과 열매의 이미지는 가을의 정수를 나타내는 시어임을 상징한다. 이런 비유는 기을의 정시와 시인의 징서가 조화를 이툴 때 나타나는 섬세함의 연출이다. 〈가을 하늘〉, 〈가을밤〉 등의 시에서도 풍요로움을 부추기는 이미지로 시의 의상이 펄럭인다.

　가을은 매서운 겨울로 진행한다. 이는 이미 열매로 가을은 정리가 끝날 때이기 때문에 이 정리에서 겨울은 매서운 풍경을 가져온다. 그 때문에 겨울은 비극적인 비유가 적절해진다. 모든 현상을 감추고 제거하는 임무가 겨울의 냉혹함과 어울리기 때문이다. 이는 눈의 상징이 앞장선다. 〈간밤에 내린 눈〉이나 〈간밤에 찾아온 눈〉은 시인의 정서적인 겨울의 특징을 포장한다. '어둠에' 찾아오고 '간밤에'에서 지난 밤의 뜻이 이를 증명한다. 다시 말해서 간밤 즉 지나간의 시간의 이름이 냉혹한 겨울의 눈보라를 간접 체험하는 느낌을 주기 때문에 안도감을 고조한다.

　간밤에 내린 눈이
　내 마음을 송두리째
　뒤흔드는 이른 새벽

　소복이 제멋대로
　흐드러지게 핀 창문 밖
　하얀 눈꽃들의 속삭임

　이런 날은 누구에게나
　가슴에 남아 있을 보고픈 이가 생각나겠지

환한 미소와 기쁜 마음으로
눈이 내려서인지 당신이

보고 싶다면서 한달음에
내게 달려와 줬으면 좋겠네
〈간밤에 내린 눈〉에서

비로소 눈과 당신이라는 등가(等價)의 이름이 등장한다. 이는 앞으로 전개할 사랑의 대상화가 눈 속에서 드러나는 현상이 된다. 앞에서 겨울은 비극적인 인식이라 했지만 그런 조짐은 어디에도 없다. 이는 '간밤'에 모진 바람과 눈보라가 휩쓸어 가져갔기 때문에 아침의 눈 내린 풍경은 고요를 연출하는 평화의 장면이 시인의 눈앞에 나타난 압축의 기교이다….

'보고 싶다면서 한달음에/달려와 줬으면 좋겠네'의 소망이 조용한 눈 위에 가라앉는다. 이는 포장된 의식일 것 같다. 다시 말해서 아픔과 괴로움을 포장으로 감싸놓고 평화와 사랑을 느끼는 건너뜀과 같은 기분을 맞고 싶은 시인의 정서가 내면-내적인 성정(性情)의 일단이 보인다.

시는 심리학이다. 언어로 표현된 이면에는 시인의 생각이 담겨지고 일생이 그 속에 포장되어 나타나기 때문에 그의 성격이 어떤 취향인가를 알 수 있다. 손 시인의 겨울 시는 냉혹함이 없고 오히려 따스함을 간직하는 그의 포근한 정서가 보인다는 점에서 신산(辛酸)함이나 굴곡이 없는 따스하고 평화로운 인식이 독자의 가슴으로 전달된다. 다시 어제에 이어 윤회의 바퀴가 잎으로 굴러 간다. 다시 말해서 봄의 장면으로 연출의 무대가 바뀐다. 신산한 겨울의 몸서리를 겪고 비로소 새로운 무대로 장면은 바꿀 때 비로소 시인의 정서는 안정을 찾아 눈에 담기는 세상에 친근한 노래를 연출한다. 이런 정서의 율동은 꽃이 피고, 향기가 나고 생명의 율동이 신선함을 주는 행복의 길이 열리게 된다.

물론 사랑의 이미지는 모든 계절의 이면에 감추어둔 꽃으로 인식을 심는다. 이제 봄의 기운이 무엇으로 오는가의 질서를 맛본다.

어디선가에서 내 가슴속
마음의 창문을 두드립니다

겨울바람이 떠난다는
인사말이라도 하려고
스쳐 지나간 흔적일까요

아님 봄바람이 다시
찾아왔다는 힘찬 노크일까요

계절은 시간이 되면
제자리에 다시 돌아오듯

내 마음속에선 이미
파릇파릇한 새싹이 피고
봄이 오고 있네요…
　　〈겨울이 가고 봄이 오는 소리〉

　자연은 머물러 있는 것이 아니라 궤도를 돌아가는 바퀴처럼 순환의 이름 속에 살고 있다. 이를 순환론의 법칙이라 말하면 인간은 그 속에서 영향을 받고 또 영향을 미치면서 존재의 형태를 이끌고 진행한다. 물론 봄이라는 이름은 그냥 찾아오는 이름이 아니라 겨울의 고통을 지나서 비에 실려서 다가온다. '어딘선가에서 내 가슴속/마음의 창문을 두드립니다'처럼 어딘선가의 미지(未知)의 공간에서 예기치 못한 이름이 생성한다. 물론 제2연에 겨울바람이 봄을 불러오는 전주곡이 될 것이고 이로부터 '계절은 시간이 되면 돌아/제자리에 돌아오는'과 같은 윤회의 상황이 연출된다. 이 윤회의 느낌은 이미 '마음'에 찾아와 소리로 봄의 전갈을 완수한다. 그렇다면 그 전조는 차가운 바람이 지남과 동시에 비의 출현이 기다리고 있다. 다시 말해서 봄은 비로 실어오는 노래라는 뜻이 첨가된다. 이처럼 손현도의 시는 논리적인 구축에서 질서를 형성하고 있다.

작은 우산을 함께 포개 쓰고
가까이 좀 더 가까이
그대에게 다가갑니다

그대의 시린 어깨를 감싸서
내 따뜻한 체온을 느끼게 하고

머릿결 위로 그대의 숨결이
내 가슴에 와 닿을 때

빗속에서도 사라지지 않는
그대의 상큼한 향기를

내리는 비도 어쩌지 못하는
그대를 향한 내 연정을

확인해버린 날 그래서 더
이별이 힘든데 비가 오는
날에는 더욱더 힘들 답니다

비 오는 날은 다정스럽게
데이트하는 행복한
연인들을 떠올리며

절대 부러워서 그러는 건
아니에요 절대로
그냥 끄적끄적해 봅니다.
〈 비 오는 날 〉

비가 내림으로써 시인은 사랑의 연정을 느끼는 마음이 발동한다. 이는 비에 실려서 연정의 뜻이 싹으로 돋아나는 생명의 기운을 느끼는 감각적인 정서가 발동된다는 점이다. 시는 이런 감각의 정서가 어디서 오는가를 논리로 규명할 수는 없다. 그러나 시인의 내면에서 '어떤 기운'에 의해 느낌이 현실로 비유를 키우는 것-이것은 바로 비로 시작해서 봄의 현상이 도래했음을 인지하는 시심의 발동이다.

시인은 예지의 감각이 특출한 사람이다. 범상한 사람들이 미처 느끼지 못하는 감수성을 갖고 살아가기 때문에 사물에 변화를 가장 빨리 알아차리는 능력을 가질 때, 예지의 현상이 시적 촉수로 나타난다. 때문에 시인은 예언자 혹은 앞을 미리 바라보는 혜안의 눈을 가진 사람으로 치부하는 이유도 촉수의 민감성 때문이라면 손시인은 이런 절차를 비 오는 날에 먼 사랑의 길을 떠나는 여정이 남다르다.

비가 오면 봄은 또 다른 풍경을 연출한다. 만산에 꽃이 흐드러지게 피는 환상의 연출에서 생명의 역동이 신세계를 나타내는 풍경화가 연출되는 세계의 출현이다.

내가 젤 좋아하는
꽃이 되어버린 벚꽃

일 년을 기다리고 기다려야
겨우 며칠을 만날 수 있는 너는

내 첫사랑처럼 설렘을 주고
몽글몽글 피어나는 하얀 요정

어여쁜 그릇에 너를
한가득 채워놓고

국이랑 밥이랑 가득 담아서
무슨 맛이 날까 먹어보고픈 나

요즘은 네가 존재하고 있는 한
세상이 다 액자 속 그림 같고

거리를 걸으며 만나는
하얀 너를 눈 속에 담고
또 담는다. 마냥 즐거운 나
〈벚꽃〉에서

  봄의 정점이 꽃으로 나타나면 세상은 또 다른 감수성을 불러온다. 매화, 진달래, 살구꽃 등등 지천으로 웃고 있는 꽃들의 세상 앞에 인간은 희열을 감수하면서 신명의 경지를 떠다닌다. 손현도에게는 여러 꽃 중에서 벚꽃의 화려와 순수한 정서에 이끌리는 취향이 감지된다. 이는 모든 사람에 공통성이 아니라 개성에 따라 꽃의 이름도 달리 접근된다. '하얀 요정'을 마중하기 위해 1년을 기다린 꽃의 순수함이다. '네가 존재하고 있는 한 세상이 다 액자 속 그림 같고'처럼 보물을 소유한 시인의 정신이 모두 투영된 그림 속의 주인공이 되는 모습의 연출이다.

2) 그대의 탄생과 사랑과 그리움

 손현도의 시는 사랑의 시이다. 한 권의 시집이 매우 단조로울 만큼 그대라는 대상에 대한 하소연으로 이루어졌고 또 호소는 저마다 다른 뉘앙스를 담고 있을 때 그의 개성은 남달라 보인다. 그렇다면 그대라는 미지-그야말로 미지의 대상을 향한 호소는 누굴 지칭하는 것이 아니라 자기 자신에게 말하고 소화하는 점에서 일인의 연기에 속한다. 물론 독자가 읽어나가기에 단조로움은 싫증을 유발할 수도 있다. 그러나 누군들 사랑에 목마름이 없을까만 사랑은 적절한 조미료의 역할일 때 변화의 맛을 가져올 수 있을 것이다.

 만나기 전엔 그대 생각에
  기다림이 있어 좋고

 만나면 만나서 좋고
  함께 있으면 더 좋고

 헤어지기 전엔 다시
  만날 수 있는 희망이 있어 좋고

헤어져 있음
　　　늘(항상)~ 그리운 당신
　　　　　　　　　〈그대〉

'기다림'과 '함께 있으면"희망이 있으면'과 '늘 그리운'으로 압축된 그대의 이미지는 매우 진솔하다. 그리고 평범한 생각 속에 안이한 사고의 폭이 나열된다. 그러나 '만나기 전'과 '헤어지기 전'과 '헤어져 있음'으로 구분된 정서는 모두 그대라는 생각에 간절함을 부추기는 양상이 애처롭다. 손시인의 시는 매우 여성적인 호소가 나이브함을 부추긴다. 이렇게 그대의 탄생은 시작되었고 여기서 먼 여정에서 그대를 찾아가는 길은 펼쳐진다. 그리고 그대를 찾아 나서는 일이 열리고 다시 다음 장면이 이중으로 포개지면서 손시인의 그대는 지향점을 갖는다.

　눈부시고 뜨겁고
　햇빛 너무 싫어하는데

　이런 햇빛 아래 그대랑
　함께 있어 봤으면 좋겠다

　취중에 길가에서 이런
　생각이 드네요
　　　　　　〈그대 함께 해요〉중에서

필요는 간절함을 나타낸다. 다시 간절함은 필요로 귀환하고 이 절차는 항상 일정한 길을 갈 때 일관성의 문제는 절실함과 연결된다. 절실성이 없다면 애타는 호소는 멈출 수가 없고 공허함을 부추기지만, 시인은 이런 절차를 진지함으로 보충한다.

시는 간절함이 나태는 갈증이다. 이 갈증에서 물을 찾고 물은 다시 평화로운 정서를 가져오는 속성으로 들어간다. '햇볕 아래 그대랑 같이 있음 좋겠다'는 소망이 간절을 나타내고 이 심리적인 갈증에서 사랑을 찾아 나서는 적극의 길이 열릴 것이라 믿는다. 시인은 적극성의 피나는 투쟁이기보다는 너무 완만한 말의 성찬에 대상이 어떤 생각을 가질 것인가의 여부는 시인의 책임이 아니다. 왜냐하면, 시인은 질문하는 존재이지 답안을 제출하는 존재가 아니기 때문이다. 답안은 오로지 독자가 선택하고 취택하는 시적 특징인 애매성의 예술이기 때문이다.

그대가 머물 곳은
나의 마음 깊은 곳입니다

그대 그리운 마음이
내 마음속 깊이 있기에

오늘도 변함없이
그리움으로 내 안에 있는
그대를 움직여 봅니다.
〈그대 생각에〉중

생각이 있으면 행동이 다음을 준비한다. 행동은 생각을 가질 때라야 움직임을 불러오는 일의 시작이 발동하기 때문이다. '그대를 향해' 움직임의 요소는 구체적인 것이 아니다. 다만 추상적인 이미지로 그대를 지향하는 노래가 나오는 발성이기 때문이다. 하여 '그리움으로 내 안에 있는/그대를 움직여 봅니다'로 다소 소극적인 자세가 호소의 길을 만들고 있을 뿐이다.

생각의 다음 길은 찾음에 있다.

그리움에 더 멍들 곳 없는
마음이 이야기합니다.

시간이 지나면 아픔도
슬픔도 무뎌지고

그리움도 설레임도
사랑도 추억이 되겠지요

피식 웃음 지을 수 있는
날이 올 거라고 난 믿어요

지친 나를 이리도
슬프게 다독입니다.

웃어도 웃는 게 아닌
날들에 지친 마음도
길을 찾지 못합니다.

더 이상 지치면 그대 곁을
찾지 못할까 봐 짐 그댈
찾아 떠납니다...
〈그대 찾아 떠납니다〉

  기다림은 사실 애절하다. 성급함에서 길을 찾아 떠나는 여정이 시작되기 때문이다. 이런 일은 사랑에 대한 구체적인 목표가 설정되었음을 의미하고 또 그 구체적인 목적을 실행하는 모든 절차가 완결되었기 때문에 길이 나타난다. 일정한 목적을 가지면 다음 수순(手順)의 행동에는 거침이 없는 진행으로 들어가고 여기서 역사는 새로운 표정을 연출하는 행동의 결과 앞에 평가를 획득한다.
  그렇다면 사랑은 이성인가 아니면 맹목인가는 오랫동안 논리의 문제를 이야기했지만 이성과 사랑은 항상 맹목 앞에 굴복할 것이라는 답안은 유효하다. 떠나는 이유는 바로 사랑을 찾아가는 해답이 단연 앞서기 때문이다.

왜냐하면, 사랑에도 일정한 유통기한이 있기 때문이다. 유통기한?-이는 사랑에 식음의 시기(時期)를 의미한다. 유통의 기한 내일 때 싱싱하고 신선한 사랑도 얻을 수 있는 이치는 사랑만의 문제는 아니다. 모든 사용 물품에는 일정한 기한-마음의 기한이 있어 생동감을 줄 수 있는 여지의 문제로 나타난다.

> 부족한 게 많은 제가 감히
> 당신 곁에 머물러도 되는지
>
> 가끔은 죄스러운 맘에 당신을
> 어떻게 바라봐야 하나
>
> 고민도 되었지만~ 이제는
> 내 사랑은 내가 지켜야 하기에
>
> 그런 고민 따위는 잠시
> 내 작은 마음 한구석에
> 보관해 두기로 했답니다.
> 〈사랑의 유통기한〉에서

사랑에 대한 염려는 내 마음속에 얼마나 싱싱함으로 간직할 수 있을 것인가의 여부로 나타난다. 왜냐하면, 마음은 불변의 것이 아니라 변하는 생동의 문제이기 때문이다. 이 생동감을 평생 간직한다는 것은 지난(至難)

한 일이고 지속성의 문제 또한 어려운 일이라는 것을 시인을 이미 잘 알고 있다. 때문에 유통 기한이라는 사랑의 생소한 어휘가 시적 감수성을 자극하는 역할을 다하고 있다.

　사랑이 먼저냐 그리움이 먼저인가는 구분이 매우 모호하다. 그리움이 먼저 올 수도 있고 또 사랑이 먼저 와서 그리움을 대동하는 경우도 있을 수 있기 때문이다

　　지금 나는 사랑의
　　구렁텅이에 빠졌습니다

　　내 하루를 다 바쳐
　　사랑한다 말해도

　　어쩌면 부족할지도
　　모르겠습니다
　　　　　　　〈그리운 사람〉에서

　손현도의 그리움과 사랑의 상관은 사랑이 먼저인 것 같다. 그리고 그리움은 사랑을 포장하고 아름답게 인식을 심는 역할일 때 시인의 사랑은 최종목적이면서 거기서 해방된 정서의 표정이 매우 밝아진다.

　사랑은 모든 사람의 자유 정신의 표상이면서 오히려 역설적인 포박(捕縛)의 의미도 된다. 이 둘의 상관은 사

랑을 얻었을 때 자유 정신의 고양(高揚)은 하늘 높이 오르지만, 사랑을 일탈할 때는 속박의 족쇄가 되어 비극적인 인식으로 전락하기 때문이다. 그러나 두려움 없이 사랑을 향해 진격하는 인간의 모습은 매우 맹목적일 때 더욱 아름다움을 부추기는 에너지원으로 작동하게 된다면 손시인의 사랑은 그리움과 함께 했을 때, 비로소 신선하고 담백한 행동으로 시작에의 길을 인도한다. 시를 읽어가는 독자는 시인이 제시하는 길을 따라 감동을 선사 받으면 거기서 행복을 만끽하면 시적 가치는 넉넉함을 가질 수 있다. 이로 보면 시를 읽은 일은 자기만족의 길을 발견하고 찾아가는 시의 본질에 이르게 된다.

이는 시인의 성품의 문제와 연결되면서 시의 개성을 나타낸다는 점에서 진솔성으로 유도한다. 물론 사랑에는 아픔과 즐거움이 들어있고 이를 극복하는 단계를 뛰어넘을 때, 비로소 언덕을 넘어 그리움과 대면하는 사랑의 길이 펼쳐지는 풍경화―손현도의 사랑은 그렇게 아슬한 그림으로 다가든다.

3. 사랑의 길과 꽃들의 미소

손현도의 시는 사랑을 찾아가는 여정이 아름답다. 그 길에는 향기 있는 꽃들의 미소도 있고 따라오는 향기가 투정하는 비틀거림도 있다. 이 길을 따라가면 결국 사랑의 따스함에 젖을 수 있고 그리움의 이름에 취할 수도 있다. 이런 맛은 시적인 깊이와 상통한다. 가벼움이 아니라 무게를 가진 시적 발상에서 손현도의 시는 계절의 순환 이치와 사랑의 전개가 유사할 때, 시의 표정은 윤회의 가락에 젖을 수 있다면, 손현도의 시는 그 나름의 자리를 편안하게 이끌고 있는 시인이다.

사랑은 끝없는 여행

초판 인쇄   2021년 2월 15일
초판 발행   2021년 2월 19일

지은이   손현도
발행인   임수홍
디자인   맹신형

발행처   한국문학신문
주 소   서울 강동구 양재대로 114길 32 2층
전 화   02-476-2757~8   FAX 02-475-2759
홈페이지   http://www.korea-news.kr/
카 페   http://cafe.daum.net/lsh19577
E-mail   kbmh11@hanmail.net

값 12,000원

ISBN   979-11-90703-29-1

· 저자와의 협약에 의해 인지는 생략합니다.
· 이 시집의 글은 저작권법에 따라 보호를 받는 저작물이므로 저자와 출판사의 동의 없이는 무단 전재 및 무단 복제를 금합니다.
· 잘못된 책은 바꾸어드립니다.